TRAITÉ

SUR

LA NATURE DES BIENS RURAUX

DANS LES DEUX DÉPARTEMENS DU RHIN,

CI-DEVANT

PROVINCE D'ALSACE.

par Koch

———————

STRASBOURG,

De l'Imprimérie D'ANDRÉ ULRICH.

NATURE
DES BIENS RURAUX
DANS LES DEUX DÉPARTEMENS DU RHIN.

———

PRINCIPES.

Lᴇꜱ loix du 24 Mars, 9 Mai 1790 et subséquentes, en supprimant sans indemnité les rentes qui tiennent à la féodalité, ont maintenu celles, qui quoiqu'appartenant aux cidevant Seigneurs, doivent leur origine à une concession primitive de fonds; mais elles ont permis de les racheter.

La loi du 29 Décembre 1790 a étendu cette faculté à toutes les rentes foncières sans distinction des propriétaires à qui elles sont dues, seigneurs ou non.

Cette disposition a donné lieu, dans le Département du Bas-Rhin à différentes discussions qui prennent leurs sources dans l'idée peu précise que les Redevanciers se sont formée de la nature de ces rentes, et dans l'application abusive qu'ils ont fait des loix.

Ces loix en permettant le rachat n'ont pas voulu *adjuger à des preneurs à bail une propriété qui ne leur avoit jamais appartenue*, elles n'avoient en vue que de donner *aux propriétaires* la faculté *d'affranchir leurs fonds* des charges dont ils sont grévés.

Celle du 29 Décembre 1790, Tit. II Art. 1 s'énonce en ces termes : „ Tout *propriétaire* pourra racheter les rentes et redevances foncières per- „ pétuelles à raison d'un fonds particulier, encore qu'il se trouve posséder „ plusieurs fonds grévés de pareilles rentes. „

Art. II. „ Lorsqu'un fonds, grévé de rente ou redevance foncière perpé- „ tuelle, sera possédé par plusieurs *copropriétaires* etc. „

Art. III. „ Pourront les *propriétaires* de fonds grévés de rentes ou „ redevances foncières traiter avec les propriétaires desdites rentes ou „ redevances, de gré à gré. „

La loi du 20 Août 1792 se sert toujours des mêmes termes, et celle du 25 Août 1792 Art. II, porte : „ *Toute propriété foncière* est reputée franche „ et libre de tous droits „ à moins que ces droits ne soient justifiés avoir pour cause une concession primitive de fonds. Elle ajoute, Art. XVIII, que les *rentes*, champarts et *autres redevances* qui ne tiennent point à la féodalité , et qui sont dues par des particuliers à des particuliers non-seigneurs ni possesseurs de fief, ne sont pas compris dans ce décret.

Enfin la loi du 17 Juillet 1793, en supprimant indistinctement tous les droits féodaux, ne touche non plus à la *propriété foncière*; elle excepte derechef de la suppression les rentes ou prestations purement foncières et non féodales qui continueront à être sujettes à rachat.

Il faut donc, pour constituer une véritable *rente foncière , que le propriétaire d'un fonds se soit démis et désaisi entièrement et à perpétuité de la propriété de ce fonds ; qu'il l'ait transférée sur la personne du preneur, et qu'il ait acquis, au lieu et place de ce fonds, la propriété de la rente stipulée par le contrat pour lui tenir désormais lieu de fonds. Il faut donc encore, que celui qui prétend racheter une rente, soit le propriétaire du fonds et non pas le simple preneur.*

Ces rentes proprement foncières sont payées par le fonds même, quelqu'en soit le possesseur; elles étoient irrachetables, par ce qu'elles tenoient au bailleur lieu de son fonds, et que tout comme il ne pouvoit être forcé de vendre son héritage, il ne pouvoit non plus l'être de vendre la rente, qui y a été subrogée. Elles étoient perpétuelles par la même raison.

Il convient donc, en appliquant aux diverses rentes les loix sur leur rachat, de bien en distinguer la nature, et de suivre le principe établi par nos Législateurs même , savoir :

Que celles provenant de fonds, dont la propriété a passé complettement dans les mains du redevable, sont foncières et par conséquent dans le cas du rachat ordonné par les nouvelles loix; que celles, au contraire, qui proviennent de fonds, dont la propriété est restée au Bailleur, ne sont pas foncières, et par conséquent non sujettes au rachat. Les deux Départemens du Rhin offrent des rentes de ces deux espèces; on va les examiner et assigner à chacune sa place.

RENTES FONCIERES.

On trouve dans ces deux Départemens, sous les dénominations allemandes de *Bodenzins, Bodengült, Bodenkorn*, une rente foncière en argent ou en denrées, ordinairement très modique et affectée à un certain fonds. Cette rente que l'ancien propriétaire du fonds s'est réservée à perpétuité lors de la translation de la propriété de ce fonds sur la personne du preneur et de ses successeurs, revient à ce qu'on appelle en France Bail à rente ou arrentement. Il n'y a de différence que dans la modicité de la rente qui est ordinairement plus forte dans l'arrentement françois.

Cette rente foncière que les auteurs du droit Germanique appellent *rente foncière réservée*; est la seule véritable, qui ait lieu dans les deux Départemens du Rhin; elle étoit irrachetable, telle que toute autre propriété, mais aux termes des nouvelles loix la faculté du rachat a été accordée au propriétaire du fonds redevancier.

Dans les siècles de superstition, où par respect pour le droit canonique, qui défendoit les usures, on n'osait placer des capitaux à intérêts, il arriva très souvent que ceux qui vouloient faire valoir leur argent, achetassent une rente pour une certaine somme, à laquelle le vendeur, c'est à dire celui qui recevoit la somme, affectoit un de ses biens fonds à perpétuité, ou jusqu'à ce qu'il lui plairoit de rembourser le capital, et de racheter ainsi la rente. Comme cette redevance suivoit le fonds et qu'elle étoit payable par chaque propriétaire du fonds comme un droit réel, elle prit également le nom de rente foncière. Les auteurs du droit Germanique l'appellent *rente foncière constituée*, en Alsace *Bodenzins*. Il ne faut pas la confondre avec la *rente constituée*, usitée en France, qui ne donne qu'un droit personnel. Elle a toujours été rachetable et elle n'est point une véritable rente foncière.

Une troisième espéce de rente foncière ou de *Bodenzins*, distinguée des deux premières, est celle qui se paye par le redevable pour la faculté accordée par un propriétaire de bâtir sur son fonds. C'est par abus qu'on a qualifié cette rente de foncière, tandis qu'elle n'est jamais que canon.

Ce contrat quoiqu'il revienne souvent *au droit de superficie* des Romains, d'après lequel le domaine utile du fonds se transmettoit au redevable avec la faculté de vendre son droit à un tiers, présente aussi des cas où le bailleur du fonds, en accordant au preneur, par forme de *location*, la faculté de bâtir, moyennant une retribution annuelle, s'est réservé la propriété de son héritage.

Dans *le premier cas* le droit de superficie a quelqu'analogie avec l'emphytéose romaine en ce que, dans l'un et l'autre de ces deux contrats, il y a translation de domaine utile entre les mains du preneur et réserve de propriété directe en faveur du bailleur. Il paroit donc que dans les premier cas, le contrat doit, quant à la faculté du rachat, suivre le sort de l'emphytéose romaine dont il sera parlé à l'article suivant; au lieu que dans l'autre cas, où il n'y a pas translation de propriété, mais simple location, cette faculté ne semble pas devoir être accordée.

EMPHYTÉOSE ROMAINE.

Il n'est point question ici de l'emphytéose à longues années, ni de celle à plusieurs têtes jusqu'à trois inclusivement, lesquelles sont maintenues par l'Art. I.ᵉʳ du Titre 1.ᵉʳ de la loi du 29 Décembre 1790; ni des droits emphytéotiques *seigneuriaux*, (a) supprimés par la loi du 25 Août 1792, mais il s'agit seulement de *l'emphytéose perpétuelle*, telle qu'elle est établie par le droit Romain et qu'elle se trouve aussi dans la ci-devant province d'Alsace. (b)

Ce contrat porte quatre caractères sans la réunion desquels il n'y a pas d'emphytéose. 1) La translation du domaine utile du fonds dans la main du preneur, à condition de l'améliorer, et avec la faculté de transmettre ce domaine utile à ses héritiers, même testamentaires, et de le vendre en prévenant le bailleur.

2) La prestation d'un canon annuel et uniforme sans aucune rémission quelconque. Il est ordinairement modique, et acquitté en reconnoissance du domaine direct réservé au bailleur. Ce canon est si invariable qu'il ne peut être ni augmenté ni diminué, pas même pour cause de stérilité, de dévastation ou de perte de la majeure partie du fonds. La raison est qu'il n'est pas payé pour la perception des fruits, ou à raison de la jouissance, comme dans la *location*; mais en reconnoissance du domaine direct. Dès que ce canon peut être augmenté, ou remis, ou diminué, pour quelque cause que ce soit, il n'y a plus d'emphytéose romaine, plus de transmission de domaine utile; le contrat devient *location*.

3) La prestation du *laudemium* ou droit de mutation, en cas de vente, par le nouvel acquéreur, au profit du bailleur.

4) Le droit de préférence compétant au bailleur dans le même cas.

On pose en principe, que sans la réunion de ces quatre caractères distinctifs, il n'y a pas de vraie emphytéose dans le sens du droit Romain. On doit donc rayer du nombre de ces contrats, ceux qui ne portent pas ces caractères, et nommément les deux premiers qui sont essentiels.

En ne s'écartant jamais de ce principe on distinguera facilement les emphytéoses romaines de tous les autres contrats, et on ne se laissera plus séduire, comme il est arrivé souvent, à prendre pour emphytéoses romaines des contrats tout à fait différens, quoique nommés ainsi par les tabellions du moyen

(a) On doit observer ici qu'il ne faudra pas confondre les droits emphytéotiques seigneriaux supprimés avec des Emphytéoses que des ci-devans seigneurs en Alsace possédoient, dans l'étendue de leurs seigneuries, non en qualité de seigneurs, mais comme simples particuliers.   (b) Voyez la cotte A.

âge, qui étant accoutumés à rédiger en langue latine empruntoient de cette langue les termes qu'ils jugeoient les plus approchants pour désigner des choses étrangères à ces dénominations, et dont les Romains n'avoient même aucune idée.

BAIL HÉRÉDITAIRE,

Connu sous les dénominations allemandes de *Erbzins*, *Erblehn*, *Erbpacht* ou *Erbbestand*, *zu rechtem Erbe*, *beständige Gült*, *Trägerei*, *stälerne Gült*.

CETTE espèce de bail, indigène en la ci-devant Alsace, y est des plus fréquentes; il y en a de deux espèces, mais qui ne différent que rélativement à leur origine. Les uns ont été établis par convention expresse entre le bailleur et le preneur; les autres ont été originairement des baux simples et à tems, mais ils sont devenus héréditaires par une longue suite de reconductions tacites. Le grand nombre de baux à tems encore existans de biens qui aujourd'hui sont à bail héréditaire, en fait foi.

Il faut bien se garder de suivre à l'égard de ces baux héréditaires, l'exemple de plusieurs Jurisconsultes, qui, imbus des principes du droit romain, et séduits par les termes latins employés par les tabellions, se sont efforcés d'appliquer ces principes aux anciens usages et coutumes Germaniques, d'après lesquels l'Alsace se régissait. C'est ainsi qu'ils ont traité trop légèrement *d'emphytéoses romaines* tous ces baux sans en avoir étudié ni l'origine ni la nature.

Ils en différent cependant essentiellement, en ce qu'ils ne transmettent au preneur aucune *propriété* ni directe ni utile, laquelle reste en entier entre les mains du bailleur; et en ce que le canon de ces baux n'est jamais payé en reconnoissance du domaine direct; mais pour la perception des fruits et la jouissance du bien. On peut ajouter que, par cette raison même, le canon n'est ordinairement pas aussi modique que celui de l'emphytéose, et qu'il est plus proportionné à la valeur et au produit de la terre; quoique cette proportion disparoisse aujourd'hui dans les prestations en argent, stipulées anciennement, vû la grande différence entre la valeur numérique des siècles réculés et celle d'aujourd'hui.

Ce contrat est appellé Bail héréditaire (*Erblehn*) parce que la terre est baillée au preneur et à ses descendans, ou bien à ses héritiers ab *intestat*, et quelques-fois aussi, mais rarement, aux testamentaires; il est qualifié de *canon uniforme* (*beständige Gült, stählerne Gült,*) parce que le canon, dans ces baux ne peut, être augmenté, ni ordinairement diminué, pour cause de stérilité pendant la durée du bail. On trouve néanmoins des exemples assez fréquents, où il est accordé au preneur, par le bail, une diminution du canon, dans des cas extraordinaires. Il n'a communément pas le droit de vendre la terre et d'en laisser la préférence au propriétaire, comme cela se pratique dans l'emphytéose romaine; et s'il y a des cas où le bailleur donne son consentement à la vente, ce n'est qu'après avoir examiné si le nouveau preneur peut lui convenir. Les impositions sont regulièrement à la charge du preneur, et il perd le bail en cas de négligence dans la prestation du canon, ou s'il détériore le fonds. On trouvera, sous la cotte B et suivantes; plusieurs exemples de baux héréditaires purs et simples, parmi lesquels il y en a qui ayant été redigés en langue latine, depuis l'introduction du droit romain, sont qualifiés mal à propos *d'emphytéoses perpétuelles.*

Les anciens receveurs des fabriques et des ci-devant seigneurs ont, ainsi que les tabellions, souvent confondu ces baux héréditaires avec l'emphytéose romaine, surtout depuis l'introduction du droit romain, et ils ont accumulé, dans les mêmes titres, des caractères distinctifs de l'un et de l'autre de ces contrats. Ils ont même appliqué à l'emphytéose romaine, qui n'a pas de nom particulier en allemand, les dénominations propres du bail héréditaire, telles que celles *d'Erbbestand, d'Erblehnung* ou *d'Erblehn.* C'est ainsi encor qu'ils ont souvent accordé, aux preneurs à bail héréditaire, la faculté de vendre le bien du consentement du propriétaire, en lui réservant le laudemium ou droit de mutation et quelque fois aussi le droit de préférence.

Ces clauses empruntées de l'emphytéose romaine ne suffisent cependant pas pour changer le bail héréditaire en bail emphytéotique romain, lorsqu'il n'appert pas d'une translation de domaine utile.

Pour donner un exemple, on joindra ci-après (*c*) la traduction d'un bail héréditaire d'un corps de biens situé à Goxwiller prés Schlestatt, passé en 1698 entre le ci-devant Grand Chapitre de Strasbourg, bailleur, et un nommé Sebastien Niederlaender et sa femme, preneurs. On trouvera dans ce titre que le bailleur s'est expressément stipulé le droit de mutation et le droit de préférence en cas de vente. Il est vrai qu'il y est en même tems accordé au preneur une diminution de canon en cas de guerre ou de grêle ; ce qui seul écarteroit déjà ce contrat de la classe des emphytéoses et le rangeroit dans celle des *baux héréditaires.* Mais on n'y trouve

____

(*c*) Voyez la cotte *K.*

trouve non plus aucune trace de transmission de propriété, ni plénière ni
même utile, laquelle est restée entre les mains du bailleur. Il est donc
dénué du caractère le plus essentiel de l'emphytéose romaine, et dès-lors
il n'est plus que bail héréditaire.

Les receveurs, en confondant ainsi les caractères de plusieurs contrats
dans un seul et même titre, en ont rendu l'examen très difficile ; mais en
cas de doute et à moins que l'évidence ne prononce pour l'emphytéose romaine, on doit présumer en faveur du bail héréditaire, comme étant plus
ancien, plus fréquent et plus analogue aux moeurs des anciens habitans de
la ci-devant Alsace.

Comme les biens donnés à bail héréditaire pouvoient se diviser entre les
héritiers, et que par ces divisions ils se trouvoient souvent répartis entre
un grand nombre d'individus, la perception du canon en devenoit fort difficile au propriétaire. Pour remédier à cet inconvenient on stipuloit dans
le contract qu'en cas de division les preneurs présenteroient au bailleur une
personne seule chargée de l'acquittement de la rente. On lui donna le nom de
porteur (*Träger*) ce qui fit nommer ce contrât, *contrât à porteur.* (*Trägerei.*)

De tout ce qu'on vient de dire, il resulte que la propriété du fonds n'est
pas transférée sur les preneurs dans les baux héréditaires. Cela est si vrai,
que dans les livres terriers et dans les renouvellemens, des siècles les plus
reculés jusqu'à nos jours, ces biens sont toujours désignés comme appartenant en toute propriété aux bailleurs et à leurs héritiers ; il ne se trouve
pas un seul exemple du contraire. Le canon qui est dû, en vertu de ces
baux héréditaires, n'est donc pas rente foncière et dès-lors il ne doit pas être
sujet au rachat. Il ne peut point avoir été dans les vues du Législateur de
dépouiller des propriétaires qui ont contracté de bonne foi et qui n'ont
jamais eu l'intention de se démettre d'aucune partie de leur propriété.

Il est encore à remarquer, qu'il y a quelques autres dénominations de
biens ruraux ou de fermages, dans la ci-devant Alsace, telles que celles
de *Meiergüter*, de *Hoffgüter*, de *Schauffelrecht*, de *Besserung*, dont les
possesseurs abusent souvent pour s'arroger la propriété de ces biens. Ils
ont toujours tort, quand leurs prétentions ne sont fondées que sur ces seules
dénominations. Car *Hoffgüter* ne sont autre chose que des *biens faisant
partie d'une ferme, ou d'une habitation rurale quelconque.* Il y en a qui
appartiennent au possesseur en toute propriété, et qui sont libres et francs
de toute redevance ; on les appelle aussi *biens attachés à l'habitation du*

propriétaire, (*zum Hof geschlagene Güter*) de manière à n'en devoir jamais être séparés, et que le successeur de la maison l'est aussi des biens ; il y en a de censuels, d'emphytéotiques ; il y en a qui sont donnés à bail héréditaire, et d'autres qui le sont à bail à tems. Cette dénomination donc ne prouve rien, étant applicable à toutes les espèces de fonds possibles.

Celle de *Schauffelrecht* ou *Besserung* exprime le *droit de cultiver*, ou littéralement, *le droit d'appliquer sa bêche au fonds D'AUTRUI de préférence à un autre colon, et de transmettre ce droit à ses héritiers.* (d) Elle est indistinctement appliquée à l'emphytéose romaine et au bail héréditaire, mais, suivant l'usage, elle ne s'applique ni au *bail à tems* ni au *bail à rente* ou *Bodenzins* d'Alsace, parce que dans ce dernier la terre est supposée appartenir en toute propriété à celui qui la cultive.

C'est donc le titre seul, qui doit prononcer, si le bien possédé à *Schauffelrecht* est un bien emphytéotique dans le sens romain, ou s'il est donné à bail héréditaire ; à défaut de titre, le canon décidera soit par sa modicité, soit par sa proportion avec la perception des fruits. Au surplus la présomtion sera toujours pour le bail héréditaire, parce que non seulement celui-ci est indigène en Alsace et qu'il tient aux anciennes moeurs des habitants du pays, mais que la transmission du domaine, même de l'utile, ne se suppose pas, et qu'elle doit être prouvée.

COLONGE en allemand DINGHOFF.

BAIL le plus ancien et très-fréquent dans la ci-devant province d'Alsace. C'est un contrat par lequel un propriétaire répartissoit entre plusieurs preneurs un corps de biens considérable en se réservant un canon annuel mo-

---

(d) Dans les endroits où ce droit est véritablement établi, le colon ne peut avoir que le droit de vendre *son droit d'appliquer sa bêche à la terre d'un autre*. C'est ce qui s'exprime en allemand par les termes : *seine Besserung verkaufen*. Le terme de *Besserung*, en latin *amelioratio*, est donc pris pour *le jus ameliorandi*: c'est à dire, la chose est prise pour le droit même. Cette amelioration ou le droit de cultiver le fonds d'un bailleur, est tellement connexe avec le fonds même, que l'une ne peut se vendre, sans que l'autre suive, Mais la *propriété* du fonds ne suit pas, elle reste près du bailleur ; car le preneur ne peut vendre que son droit de cultiver. Cet usage de vendre les améliorations a pris évidemment naissance dans l'application abusive des principes de l'emphytéose romaine aux baux héréditaires.

dique avec la faculté de faire juger les différends qui s'éleveroient entr'eux à raison de ces fonds , par le Bailleur comme Président , assisté des preneurs, comme assesseurs.

La Colonge ou *Dinghoff* a donc deux caractères qui constituent son essence ; savoir :

1) Le bail et la rente qui est payée au bailleur.

2) Le droit de justice colongère, que le bailleur exerçoit conjointement avec les preneurs pour assurer la perception de sa rente et pour la conservation de la totalité de ces biens.

Sans la réunion de ces deux caractères il n'y a pas de colonge. Il ne faut pas les confondre avec les différentes clauses , souvent ridicules , qui s'y trouvent ajoutées dans les contrats constitutifs et les reglemens de colonge. Quellesque soient ces clauses , elles ne sont jamais qu'accessoires et ne touchent pas l'essence du contrat.

La *justice colongère* tient à une sorte d'arbitrage , qui a pris son origine dans la prédilection qu'avoient les anciens Germains, d'être jugés par leurs pairs plutôt que par leurs supérieurs et leurs juges ordinaires. C'étoit une véritable cour des pairs ; et c'est par cette raison qu'elle a dû être composée des preneurs qui formoient le *Dinghoff*, c'est à dire la cour de justice. Elle a été supprimée, comme incompatible avec le nouvel ordre de choses établi en France.

Mais comme par cette suppression la colonge ou *Dinghoff* ne doit pas être entièrement détruite, et qu'en perdant l'un de ses caractères , l'autre , c'est à dire, la prestation de la rente, comme objet principal, lui reste , et que devenant dès-lors bail héréditaire simple , ce contrât doit, quant au rachat, suivre le sort de ce dernier.

On trouvera sous les cottes L. M. N. quelques titres qui serviront à constater la nature du contract colonger.

RÉSUMÉ.

En résumant ce qu'on vient de détailler, on trouvera les résultats suivants :

1.º Le *Bail à rente* (*Bodenzins* , *Bodenkorn* , *Bodengült* , *Grundzins*) qu'on pourroit aussi appeller *canon réservé* , emporte translation plénière de la propriété du fonds entre les mains du preneur. A défaut de titre il se reconnoit par sa dénomination même et par la modicité du canon, et il doit être présumé tel si ces deux caractères se réunissent. Il est *rachetable*; à moins qu'il ne dérive d'une simple location, ce qui doit être prouvé.

2.º La *rente foncière constituée* (*Bodenzins*) provenant d'un capital prêté sur un fonds, est également *rachetable*.

3.º *L'Emphytéose romaine* se reconnoit par la transmission de la propriété utile au preneur, par l'uniformité et la modicité du canon, par le droit de préférence réservé au bailleur en cas de vente, et par le *laudemium* ou droit de mutation que doit lui payer le nouvel acquéreur. La loi du 29 Décembre 1790 veut que la rente en soit rachetable, si elle est perpétuelle.

4.º Le *bail héréditaire* énoncé sous les dénominations allemandes *zu rechtem Erbe*, *Erblehnung*, *Erbzinslehn*, *Erbbestand*, *Erbpacht*, *beständige Lehnung*, *Stahlgült*, *Trägerei*, se fait connoître par une meilleure proportion du canon avec le produit de la terre, attendu qu'il est acquitté pour la perception desfruits et que la propriété n'y est pas transférée sur le preneur. Elle doit être *irrachetable*, parcequ'elle n'est pas rente foncière; le fonds n'appartenant pas au preneur.

5.º La *Colonge* (*Dinghoff*) se distingue, à défaut de titre, par l'arbitrage exercé jadis par le bailleur, conjointement avec les preneurs ainsi que par la modicité et l'uniformité du canon. L'arbitrage est aujourd'hui supprimé; mais le canon doit suivre le sort du bail héréditaire.

OBSERVATIONS GÉNÉRALES.

I. *Sur les Emphytéoses.*

On voit par ce résultat qu'il n'y a, dans la ci-devant province d'Alsace, de véritable rentes foncières que celles appellées *Bodenzins*, et que c'est ces rentes seules ainsi que *l'emphytéose perpétuelle*, qui doivent être sujettes à rachat d'après les principes qui ont été établis par les nouvelles loix. Mais il est facile à démontrer, que l'équité, la justice et l'intérêt de la République exigeroient impérieusement que la faculté de racheter les rentes emphytéotiques, fut limitée; *qu'à défaut de titre* la qualité de *rente foncière* ou de *Bodenzins* ne fut jamais *présumée*, à moins que la *grande modicité* du canon, toujours uniforme, jointe à la *dénomination même*, n'en prouve l'existence; et que sans le concours de ces deux caractères la rente fut toujours reputée provenir d'un bail héréditaire, et être par conséquent irrachetable.

On sentira toute l'importance de l'observation qu'on vient de faire, si l'on considère le grand nombre de rentes emphytéotiques, qui appartiennent aujourd'hui à la République, comme étant aux droits soit du ci-devant clergé, soit des ci-devant seigneurs. L'Alsace, comme province frontière, avant et après sa réunion à la France, ayant été continuellement exposée aux ravages de la guerre, les circonstances forcèrent les gens d'Eglise, les fondations et les seigneurs qui y étoient possessionés, à passer fréquemment des baux de cette nature, attendu que le pays se trouvant dépeuplé, et les terres restant souvent sans culture, ils ne trouvoient de colons, qu'autant qu'ils leur abondonnoient des corps de biens à titre d'emphytéose et à un canon fort modique qui, stipulé en argent ou en denrées, et n'étant point acquitté pour la perception des fruits, mais simplement en reconnoissance du domaine direct, ne se trouve jamais en juste proportion avec la valeur des terres. Cette disproportion est encore plus sensible aujourd'hui dans les canons payables en argent, vû le changement qui s'est fait dépuis quelques siècles dans la valeur du numéraire. On ne prendra qu'un seul exemple dans le nombre de ceux qui se présentent journellement. C'est celui de l'emphytéose passée en 1402 entre le ci-devant couvent de St. Arbogast de Strasbourg et un particulier de cette même commune. Ce dernier reçut en emphytéose perpétuelle la quantité de soixante onze arpens de terres situés dans les environs de la ville moyennant un canon annuel de 66 #; ce qui ne fait pas tout à fait dix neuf sols par arpent. Le terrein est de nature à supporter par bail ordinaire un canon d'un sac de froment par arpent; mais on ne comptera que quatre boisseaux, ce qui feroit au taux de 1790, la somme de 11 #. 6 s. 8 d. Le canon emphytéotique n'est donc à-peu-près que la douzième partie de ce que le bailleur auroit pû tirer de son bien en l'affermant à bail simple et en ne prenant que quatre boisseaux par arpent. En accordant aujourd'hui le rachat de cette rente au denier vingt, ainsi que le veut la loi du 29 Décembre 1790, il en resulteroit pour raison du canon de 66 #. la somme de 1320 #. tandis qu'à quatre boisseaux seulement, et au même taux du denier vingt, le prix du rachat monteroit à la somme de 16093 #. 6 s. 8 d. ce qui certainement serait encore à fort bon marché.

Les pertes immenses, auxquelles la République se verroit exposée par ces sortes de rachats, devroient porter le corps législatif ou à ne plus admettre les rachats pour les rentes non seigneuriales, provenant d'emphytéose; ou bien à en fixer le taux à des conditions plus équitables et plus proportionnées à la juste valeur des terres. Car il importe de remarquer que la perte dont on vient de parler, n'est pas la seule que souffre la République par de pareils rachats. On a observé plus haut, que le bailleur n'a transmis, par l'emphytéose, au preneur que le domaine utile, et qu'il s'est réservé la propriété directe. Par une suite de cette propriété il peut se faire que la terre lui devienne reversible en cas d'extinction de la famille du preneur, lorsque le dernier possesseur n'en a pas disposé: mais le rachat le dépouille à jamais de cette reversibilité.

Il en est de même du droit de préférence qu'il peut exercer, d'après la nature de l'emphytéose, en cas de vente de la terre; ce droit devient également nul par le rachat.

Il est donc évident que les intérêts de la République, qui est aux droits de la plus part des grands propriétaires bailleurs d'emphytéose dans les Départemens du Rhin, se trouveroient lésés sous tous les rapports, si le rachat de ces rentes continuoit à avoir lieu sur le pied qui a été établi.

II. *Sur les baux héréditaires.*

Il a été observé sous l'article des baux héréditaires, que ces baux sont de deux espèces, savoir ceux établis par convention expresse, et ceux qui le sont devenus par le fait.

Or il existe dans la ci-devant Alsace nombre de ces derniers, dont les redevables ont acquitté la rente jusqu'à présent sous le nom de canon invariable (*Stalgült, Schauffelrecht,*) ou sous telle autre dénomination qu'il a plû leur donner. Les propriétaires, même ceux qui n'ont jamais été seigneurs, sont hors d'état de prouver, par titres la concession du fonds. Ces rentes doivent en grande partie leur origine à la bonne foi des propriétaires, qui, contents de la conduite des preneurs, leur continuèrent tacitement la location, à eux, leurs enfans, petits enfants et autres descendans, Les baux n'en existent pas, soit qu'il n'en ait jamais été rédigé, soit que les malheurs du tems les ayent détruits, soit enfin que les propriétaires n'ayent pas jugé à propos de les conserver, s'étayant de la jurisprudence d'Allemagne usitée en Alsace qui, reconnoissant les baux héréditaires et en soutenant la possession, n'exigeoit que la preuve de la perception du canon, et rendoit par conséquent les titres à peu-près superflus. Les redevables, depuis les loix sur le rachat, ne se sont pas contentés d'y vouloir soumettre ces rentes; ils se sont cru autorisés à disputer même aux propriétaires la propriété du fonds, et ont refusé l'acquittement de la rente à moins que les propriétaires, quoique simples particuliers, n'en produisent les titres.

Ces rentes doivent-elles être reputées foncières, et par conséquent rachetables ?

La justice prononce pour la négative, par les raisons suivantes:

1) La transmission de la propriété d'une main à l'autre, suivant tous les principes de droit, ne doit jamais se *présumer ; c'est à celui qui l'affirme à la prouver.* Une rente ne doit donc point être présumée provenir d'un arrentement (*Bodenzins*); elle doit au contraire être présumée provenir d'une location, jusqu'à ce que celui qui prétend la racheter, ait fourni la preuve du contraire.

2) On ne connoit dans la ci-devant Alsace qu'une seule espéce de véritable rente fonciére, appellée *Bodenzins*, qui se reconnoit d'abord par sa dénomination même, jointe à la modicité du canon. Désque la rente est en quelque manière proportionnée à la valeur de la terre, il y a lieu de présumer qu'elle est payée pour la perception des fruits; et dès-lors elle n'est plus fonciére.

3) Les livres terriers, ou les renouvellemens faisant mention des terres, sujettes à ces rentes, leur donnent la qualification de *propriétés des bailleurs;* ce que les preneurs n'auroient jamais souffert, si lors de la confection du livre terrier, ou du renouvellement, à la quelle ils ont toujours été appellés, la qualité de ces terres n'avoit été notoire.

4) Aussi trouve-t-on que les bailleurs payaient souvent le vingtième de ces terres. Cette dernière circonstance prouve encore plus évidemment leur droit de propriété, parce que suivant la nature même du bail héréditaire, les impositions doivent être à la charge du preneur.

5) Personne d'ailleurs n'ignore que sous le régne de la terreur et lors du brulement des titres féodaux, bien des gens, les uns guidés par un faux zéle, les autres par une suite de l'ignorance ou de la peur, se firent un mérite d'anéantir indifféremment tous les titres et de s'en prendre de préférence à ceux des ci-devant seigneurs. Les colons, qui y trouvérent leur compte, se gardent bien aujourd'hui de produire les titres et les baux, dont ils sont dépositaires; ils s'empressent plutôt de faire passer les biens fonds, qu'ils tiennent à fermes, pour leurs propriétés; et leurs redevances pour rentes

foncières, dans la persuasion où ils sont, que les titres primitifs n'existant plus, il leur sera facile de s'ériger en véritables propriétaires.

Tous les jours il se présente des exemples de ce genre; on se bornera d'en rappeller ici quelques-uns.

Un colon de l'ancien District de Haguenau tenoit, du ci-devant Grand-Chapitre de Strasbourg, une ferme considérable dont il payait un canon annuel de quarante cinq Rézeaux, tiers froment, tiers seigle et tiers orge. Le district ayant mis ce bien en vente, le colon y forma opposition soutenant que lui et ses aneêtres l'avoient cultivé depuis un tems immémorial, *comme un bien propre à eux*, et que la rente qu'ils en payoient, étoit une rente *purement foncière*. Sa demande étoit appuyée d'un acte de notorieté, tendant à constater sa prétendue propriété.

L'administration ayant fait faire des recherches dans ses archives, y trouva *un bail de neuf ans*, passé en 1705 entre le Grand-Chapitre et un des prédécesseurs de l'opposant, portant expressément que le canon, précédemment plus fort, avoit été réduit, par le présent bail, à 45 Rézeaux à cause des charges extraordinaires auxquelles le fermier s'étoit assujetti. Elle réussit aussi à constater que ce ne fut que par *tacite réconduction* que le bail de 1705 fut continué jusqu'à ce jour.

Un autre colon, demeurant dans l'arrondissement du ci-devant District de Schlestatt se refusa de payer au receveur de l'agence de l'enregistrement et des domaines, un canon annuel de dix huit rézeaux, moitié seigle et moitié orge; qu'il devoit d'un bien de 21 arpens de terre provenant de la ci-devant Commanderie de St. Jean à Strasbourg. Ce fermier soutenoit hardiment que le bien dont s'agit, lui appartenoit en propre, que le canon qu'il en payoit étoit une de ces redevances féodales supprimées par les loix et que c'étoit à l'administration de prouver, par un titre constitutif, que ce canon dérivoit d'une concession primitive de fonds.

L'Administration réussit encore, dans le cas présent, à découvrir le titre d'acquisition, en vertu duquel la Commanderie de St. Jean acheta en 1387, en toute propriété, le bien en question, porté dèslors à 19 rézeaux de canon. Au surplus, un renouvellement authentique du même bien, rédigé en 1683, prouva à l'administration que la famille du preneur étoit en usage de présenter au propriétaire, pour raison du canon qu'elle devoit, un *porteur* ou *Träger*, dont les fonctions, comme il a été observé plus haut, étoient de se charger lui seul des payemens du canon.

L'exemple

L'exemple de ces fermiers a déjà été imité par une foule de cultivateurs qui se refusent au payement de leur canon sous prétexte de féodalité, de suppression et de défaut de titres constitutifs.

Les propriétaires seront-ils toujours assez heureux de retrouver ces titres dont plusieurs ont été ou perdus ou détruits?

Des vrais propriétaires reconnus en tout tems comme tels, dans un pays où les baux héréditaires ne transmettoient aucune propriété, se verroient-ils réduits aujourd'hui à produire leurs titres primitifs pour constater une propriété dont ils ont joui, sans aucun trouble, depuis une longue suite de siècles?

Les colons ne seroient-ils assujettis à aucune preuve; des actes de notoriété, des dépositions de témoins, tous intéressés dans la même cause, suffiroient-ils soit pour libérer entièrement les colons, soit pour les faire admettre au rachat?

Le grand nombre de baux héréditaires et emphytéotiques dont fourmille la ci-devant Alsace, ne devroit-il pas plutôt engager le Législateur à dispenser des propriétaires, généralement reconnus pour tels, de la nécessité de produire leurs titres primitifs de propriété, à limiter même la faculté du rachat à l'égard des rentes emphytéotiques et à en fixer le taux à des conditions plus équitables?

Une considération majeure semble solliciter instamment cette mesure. Il est notoire que la presque généralité des habitans de la campagne de la ci-devant Alsace, à la différence de ceux de l'intérieur de la République, sont propriétaires, et qu'il y a fort peu de villages, où la moitié et au de-là des terres de la ban-lieue ne leur appartiennent en propre. Le reste est ou à la République comme étant aux droits du ci-devant clergé, des princes possessionnés et des émigrés, ou à des habitans des villes; et ces possessions sont en très-grande partie des fermes de la nature de celles dont on vient de parler. Exiger des propriétaires l'exhibition des titres primitifs, accorder indifféremment aux colons le rachat et des baux héréditaires et des rentes colongères et emphytéotiques, ce seroit dépouiller les vrais propriétaires, ce seroit encourager la fraude et la mauvaise foi des colons; ce seroit enfin subvertir toute balance, et mettre les habitans des villes, et l'état même, dans leur entière dépendance.

CONCLUSION.

D'après tout ce qu'on vient de dire, il est évident que, depuis les tems les plus reculés, il étoit d'usage dans la ci-devant province d'Alsace de donner fréquemment des terres et fermages à titre de *baux héréditaires*, sans transmission de propriété quelconque; que les rentes même emphytéotiques y participoient souvent de la nature de ces baux héréditaires et que par conséquent ce seroit porter un grand préjudice aux droits de propriété et aux intérêts de la République que d'en accorder indifféremment le rachat.

Il seroit donc à désirer que le corps législatif décrétât pour les deux Départemens du Rhin:

1) Que les rentes provenant de baux héréditaires, connus sous les dénominations allemandes: *zu rechtem Erbe, Erblehn, Erbzinslehn, Erbbestand, Erbpacht, beständige Lehnung, Stahlgült, Trägerei, Schauffelrecht* etc. ne seront pas rachetables, à moins que les redevanciers ne prouvent par titres que la propriété des fonds dont ils acquittent des rentes, leur a été transmise par le bailleur.

2) Ne seront non plus sujettes à rachat les rentes emphytéotiques perpétuelles qu'autant que la nature de l'emphytéose romaine sera bien prouvée par le titre constitutif.

3) Les rentes emphytéotiques non seigneuriales stipulées en argent, dans les siècles passés, seront évaluées, en cas de rachat, d'après le cours du change et le rapport des grains au numéraire lors de la constitution de la rente. Le prix du rachat sera augmenté d'un tiers en sus, à cause de la propriété directe, du droit de succession et du droit de préférence devenus nuls par le rachat.

4) Continueront à être rachetables les baux à rente, et les rentes foncières connues sous le nom de *Bodenzins, Bodengült, Bodenkorn*, le seul cas excepté où le bailleur du fonds prouvera par titres, que la propriété n'en a pas été transférée.

5) L'évaluation de ces rachats se fera au taux fixé par la loi et le prix courant des grains et des denrées à l'époque du rachat.

PIÈCES JUSTIFICATIVES.

A.

Traduction d'un contrât emphytéotique romain pur et simple de 1272.

Nous la Prieure et tout le couvent de la maison réligieuse de St. Marc hors des murs de Strasbourg faisons sçavoir à tous ceux qu'il appartiendra, que nous avons abandonné notre maison à l'enseigne de la dentelle à côté de Henri de Wasselnheim dans la ville de Strasbourg au sieur Burkart Schaub, chevalier, et à la dame Kunégonde son épouse légitime ainsi qu'à tous leurs héritiers, ensorte que eux et tous leurs héritiers et successeurs seront obligés de donner et de payer annuellement de la maison susdite à notre couvent un canon de trente schellings, valeur ordinaire de Strasbourg, sans que jamais ce canon puisse être haussé. Le présent contract doit con-server toute sa force et validité, quand même la maison susmentionnée viendroit à être vendue ou hypothéquée. Pour le cas, où les possesseurs de la maison susdite seroient intentionnés d'en vendre ou hypothéquer les bâtimens, nous nous réservons qu'ils soient tenus d'en faire les offres à nous les premiers. Si nous jugeons à propos de leur en payer le même prix que leur en payeroit un étranger, alors ils seront tenus de nous les céder préférablement à tout autre : si au contraire il arrivoit que les offres faites par d'autres surpassassent les notres, dans ce cas ils auront la faculté de vendre les bâtimens susdits au plus offrant. Ceux qui dans le cas ci-dessus viendroient à acheter la maison susmentionnée, seront obligés de payer le *laudemium* de laquelle condition et charge nous exemtons le sieur Burkart et la dame Kunégonde nommés ci-dessus ainsi que leurs descendans, qui ne seront point tenus de payer ledit laudemium.

En foi de quoi nous avons apposé notre sceau à cette lettre. Fait l'an de grace mille deux cent soixante et douze, le samedi après la sainte Sophie.

B.

Bail héréditaire pur et simple de l'an 1144.

In nomine Domini. Ego Bertholdus ecclesie sancti Thome prepositus, omnes qui ad domesticos fidei in bona spe confugiunt convenit et decens est ut securiores semper sint et ut nulla in eis dubietate vacillare possint summe providendum est. Notum igitur esse volumus omnibus tam futuri quam presentis temporis, in Christo fidelibus quod per manum ducis Friderici Egelolfo et Conrado bona ecclesie sancti Thome in Rodesheim marcha sita (*a*) in *perpetuum legitime hereditatis usum* concessimus consentientibus et presentibus ejusdem ecclesie canonicis. Concessimus inquam ipsis et eorum successoribus ea lege videlicet ut singulis annis viginti duas amas probati vini in festo sancti Martini ad cellarium fratrum persolvant. Quod si mature non fecerint duos solidos in composicionem persolvant propter debitum infra dies quatuordecim. Verum si secundo illum terminum temere vel negligenter supersederint *jus hereditatis penitus amittent* et bona in proprietatem redibunt integre canonicorum. Ad utriusque partis causam confirmandam testes idonei adhibiti sunt quorum nomina subscripta servantur. Majoris ecclesie prepositus Adelgotus. Godefridus Decanus. Bertholdus cantor. Conradus camerarius. Gebehardus. Eberhardus cellerarius. Heinricus portenarius. Waltfridus vice dominus. Waltherus causidicus. Burchart. Johan. Gelphert. Symon. Facta sunt autem hec anno ab incarnacione Domini millesimo centesimo quadragesimo quarto, indictione VII. Conrado secundo rege romanorum regnante anno septimo, Burkardo Argentinensis ecclesie episcopo, Henrico ejusdem civitatis advocato. Ut autem hec rata et inconvulsa in perpetuum consistant sigillo ecclesie hoc manuscriptum muniri fecimus. Qui infringat anathema sit.

C.

Bail héréditaire pur et simple de l'an 1289.

Coram nobis judice curie Argentinensis constituti Henricus filius Henrici senioris et Junta ejus uxor legitima de Nugurte sunt confessi in jure, presente Johanne procuratore Capituli sancti Thome Argentinensis, bona infrascripta sibi et suis heredibus locata esse à dicto Capitulo et ea se conduxisse ab eodem sub tenore infra scripto literarum quarum tenor talis est:

(*a*) Ces biens consistoient en douze arpens de vigne.

Nos Prepositus Decanus totumque Capitulum ecclesie sancti Thome Argentinensis notum facimus omnibus presentes litteras inspecturis, quod cum locaverimus bona infrascripta sita in banno Nagurte Henrico filio Henrici ejusdem ville ad spacium novem annorum pro quatuor quartalibus siliginis et quatuor quartalibus ordei nobis singulis annis persolvendis, de quibus novem annis adhuc sex anni restant, eidem Henrico de novo et *suis liberis et ab eis descendentibus* predicta bona locamus presentibus jure quod dicitur vulgariter *zu rehtume Erbe* (*a*) perpetuo possidenda, ita quod finitis predictis sex annis quicunque heredum prefata bona pro tempore possederint dabunt et presentabunt ad ecclesiam nostram Argentinensem suis laboribus et expensis octo quartalia siliginis annis singulis sine omni augmentatione, dabunt etiam duos denarios ad monasterium *zu Morsmunster zu Fürrihtungen*, et si ultra ab eis fuerit requisitum, de hoc eos indempnes reddemus. *Licet* etiam *eis in predictis agris plantare vineas* si voluerint. Si vero dictus Henricus vel quicumque heredum suorum qui bona predicta tenuerint sine *heredibus descendentibus decesserint predicta bona cum omni jure suo* ad nostram ecclesiam *revertentur.*

In cujus rei testimonium sigillum nostri Capituli presentibus est appensum. Situs agrorum: (*b*)

Datum et actum anno Domini millesimo ducentensimo octogesimo nono, feria quarta post Dominicam *circumdederunt.*

In quorum evidentiam sigillum curie Argentinensis predicte ad peticionem et instanciam predicti Henrici et ejus uxoris presentibus est appensum anno Domini supra dicto feria quarta post octavam pentecostes.

D.

Bail héréditaire pur et simple de l'an 1396.

Coram nobis judice curie Argentinensis constitutus Ulricus dictus Keller de Dieffental residens in villa Scherwilre, pro se et suis heredibus universis, in presencia Conradi dicti Berner procuratoris officii porte ecclesie sancti

---

(*a*) On voit par ce titre ainsi que par celui de 1144 qui précéde que le terme *d'emphytéose perpétuelle*, emprunté du droit Romain, n'étoit pas encore connu, dans ce tems là, en Alsace et que ce n'est que dans le siècle suivant qu'on a commencé à s'en servir dans les baux héréditaires.

(*b*) Ces arpens qui sont au nombre de douze, sont ici specifiés avec leurs tenans et aboutissans.

Thome argentinensis, confessus fuit et recognovit expresse se ab honorabilibus viris Dominis Decano et Capitulo ac Prebendariis chori dicte ecclesie
in *emphyteosim perpetuam que vulgo dicitur* zum rechten Erbe, conduxisse,
et justo conductionis titulo recepisse, duos cum dimidio agros pratinos in
banno dicte ville. Scherwilre sitos, juxta dictum Boeckel civem argentinensem, quos ipse conductor prius coluit ut dicebat, pro annuo censu
decem solidorum denariorum argentinensium usualium absque qualibus
augmentacione census ejusdem. Quem quidem censum ipse conductor
pro se et suis heredibus solvere dare et in civitatem argentinensem presentare singulis annis in festo sancti Martini Episcopi Dominis Decano et Capitulo ac Prebendariis Chori dicte ecclesie pro tempore existentibus, de
agris prescriptis, et eosdem agros in *cultura bona conservare* et tenere promisit, ita videlicet quod si conductor ipse vel ejus heredes anno aliquo
termino prescripto, in solucione et presentacione dicti census faciendis ut
premittitur existerent negligentes aut dictos agros in cultura bona non conservarent, quod tunc excommunicacionis sentencie debeant subjacere, judicioque seculari et sine judicio occupari et invadi, nec non ipsorum pignora
capi usque ad assecucionem plenam et totalem ipsius census neglecti, et
omnes expensas et dampna quas et que ex hoc dictos Dominos contigerit
sustinere illas et illa eisdem dictus conductor pro se et suis heredibus solvere et refundere totaliter promisit, super quibus quidem dampnis et
expensis simplicibus verbis ipsorum Dominorum standum erit atque credendum. Et in testimonium premissorum sigillum curie argentinensis
presentibus est appensum. Actum V. Idus Decembris anno Domini millesimo trecentissimo nonagesimo sexto.

E.

Bail héréditaire pur et simple de l'an 1396.

Coram nobis judice curie argentinensis constitutus Heinzemannus dictus
Keller de Dieffental pro se et suis heredibus universis, in presentia Hugonis
dicti Grothans summissarii et Conradi dicti Berner Prebendarii chori ecclesie sancti Thome argentinensis presencium coram nobis confessus fuit
et recognovit expresse, se ab honorabilibus viris Dominis Decano et Capitulo ac Prebendariis chori dicte ecclesie, *zum rechten Erbe* conduxisse duos
agros pratinos contigue sitos in banno dicte ville Scherwilre, *in dem Bruch,*
quos ipse conductor prius à Ludewico de Amolter milite coluit ut dicebat,

pro annuo censu novem solidorum denariorum argentinensium usualium, quem quidem censum dictus conductor pro se et suis heredibus universis solvere dare et in civitatem argentinensem presentare singulis annis in festo sancti Martini Episcopi, Dominis Decano et Capitulo ac Prebendariis chori dicte ecclesie pro tempore existentibus de agris prescriptis, et *eosdem agros in cultura bona conservare* et tenere promisit. Et pro majore certitudine dicti census ipse conductor pro se et suis heredibus dictis Dominis Decano et Capitulo dimidium agrum viniferum in banno dicte ville Scherwilr ȝu Ǥáẞel situm juxta viam, de quo dimidia ama vini monasterio sancte Katherine extra muros argentinenses nomine census datur annuatim, titulo pignoris seu Ypothece obligavit et ypothecavit presentibus expresse, ita videlicet quod si conductor ipse vel ejus heredes anno aliquo termino prescripto in solucione et presentacione dicti census existerent negligentes aut prescriptos agros in cultura bona non conservarent, quod tunc excommunicationis sentencie debeant subjacere, judicioque seculari et sine judicio *occupari* et *pignerari* et dictos agros pratinos una cum dimidio agro ypotecato *attrahere* et *alienare* (a) usque ad plenam assecucionem census neglecti. Actum calendis Decembribus anno Domini millesimo trecentesimo nonagesimo sexto.

F.

Bail héréditaire pur et simple de l'an 1398.

Coram nobis judice curie Argentinensis constituti Jacobus dictus Twinger Canonicus et Hugo Grothans summissarius Ecclesie St. Thome Argentinensis vice et nomine Dominorum Decani et Capituli ac Prebendariorum Chori ejusdem ecclesie ac pro eorum successoribus in eadem ecclesia universis; à quibus Dominis se missos fore dicebant ad perficiendum subscripta; *locaverunt et concesserunt in Emphiteosim perpetuam quæ vulgo dicitur* ȝum rehten Ǥrbe Heintzoni Ockenfus filio quondam Heintzonis Ockenfus de Winderlech presenti coram nobis et sibi et suis heredibus in Emphiteosim ut prefertur, *jure Gültarum juxta consuetudi-*

(a) On remarquera ici la distinction qui se trouve entre les fonds hypothéqués pour sûreté de la rente stipulée et ceux concédés par les bailleurs, qui conservent sur ces derniers les droits de propriété avec la faculté d'y rentrer au défaut d'acquitter la rente par le preneur. Voyez aussi les baux rapportés ci dessous sous les cottes G et H.

nem terræ conducenti bona inferius specificata, *quæ prius Lawelinus* dictus Rüstelin et *Catherina ejus uxor* ac Lawelinus ipsorum filius *coluerunt*, (*a*) se locasse et concessisse dicti locatores, nomine quo supra, presentibus publice sunt confessi, pro annuis reditibus viginti quatuor quartalium siliginis. Quos quidem reditus dictus conductor pro se et suis heredibus universis solvere, dare, et suis vecturis dampnis et expensis in civitatem Argentinensem presentare singulis annis infra festa assumptionis et nativitatis beate Marie virginis Dominis Decano et Capitulo ac Prebendariis predictis de bonis subscriptis, ac *eadem bona in edificiis et cultura bonis conservare et tenere*, nec non omnes census et alia onera de ipsis bonis debitos et reddendos annuatim solvere et expedire sine dampnis et expensis eorundem dominorum promisit, ita videlicet quod si conductor ipse vel ejus heredes anno aliquo termino prescripto in solucione et presentacione dictorum redituum facienda ut premittitur existerent negligentes, aut subscripta bona in edificiis et cultura bonis non conservarent, seu census et alia onera de ipsis bonis debitos non solverent ut est premissum, quod tunc excommunicacionis sentencie debeant subjacere judicioque seculari, et sine judicio occupari et pignora capi, usque ad assecucionem plenam redituum neglectorum et omnes expensas et dampna quas et que ex hoc dictos dominos contigerit sustinere, illas et illa dictus conductor eisdem pro se et suis heredibus universis solvere et refundere totaliter promisit. Super quibus quidem dampnis et expensis simplicibus verbis ipsorum dominorum pro tempore existentium standum erit atque credendum, constituentes se dicti locatores nomine quo supra Warandos et debitores principales hujusmodi locacionis per ipsos in modum pretactum facte, erga dictum conductorem et ejus heredes universos adversus omnem hominem ut est juris. Specificacio vero bonorum locatorum de quibus premittitur est hec et sita sunt in hunc modum : (*b*)

Ad hec constituti coram nobis judice predicto Lawelinus dictus Rüstelin et Lawelinus filius suus suprascripti, nec non Johannes dictus Enderlin de -

---

(*a*) Voici un exemple d'un bail héréditaire qui ayant été retiré d'entre les mains de l'ancien preneur à bail héréditaire a été conféré à un autre par les propriétaires.

(*b*) Cette specification est en allemand; elle indique les tenants et aboutissants de cinquante arpens environ et de quelques prés qui formoient le corps de biens dont il s'agit.

Winderlech in solidum pro se et suis heredibus universis confessi sunt et recognoverunt expresse sibi penitus nichil juris competere in bonis locatis prescriptis, et si quid juris ipsis competeret aut competere posset in bonis eisdem, eidem juri erga Dominos Decanum et Capitulum ac conductorem prescriptos in solidum renunciaverunt et renunciant in his scriptis. Igitur iidem Lawelinus Rüstelin, Lawelinus ejus filius et Johannes Enderlin promiserunt per fidem nomine juramenti ab ipsis corporaliter prestitam coram nobis in solidum, pro se et eorum heredibus universis, hujusmodi confessionem recognicionem et renunciacionem et alia prescripta ratas gratas et firmas perpetuo tenere nec contra eas facere vel venire seu hoc fieri procurare per se vel per alios quoquo modo, nec non dictos Dominos Decanum et Capitulum ac Heinricum Ockenfus conductorem predictum et ejus heredes, de et super dictis bonis locatis et locatione et eorum occasione nunquam impetere vel impedire aut occupare, vexare vel molestare, seu hoc fieri procurare vel per se vel per alios quoquomodo in judicio vel extra in posterum vel ad presens. Et in evidens testimonium premissorum sigillum curie argentinensis ad peticionem locatorum et conductorum nec non renunciatorum prescriptorum presentibus est appensum. Actum VII. Idus Julii anno Domini millesimo trecentesimo nonagesimo octavo. Hujus tenoris duo sunt instrumenta quorum unum apud Dominos Decanum et Capitulum, aliud vero apud conductorem remanet ante dictos.

G.

Bail héréditaire pur et simple de l'an 1401.

Coram nobis judice cure Argentinensis constitutus Goetzemannus dictus Butenheim de Möllesheim pro se et suis heredibus universis confessus fuit et recognovit expresse, se dudum a Domino Jacobo dicto Twinger Canonico et Conrado Berner procuratore officii porte ecclesie sancti Thome Argentinensis duos agros viniferos spectantes ad officium porte et ad prebendam canonicalem prefati Jacobi Twinger in banno opidi Mollesheim sitos an St. Thomans Pfat ex utraque parte juxta bona canonicorum ecclesie St. Thome predicti in *emphiteosin perpetuam* pro annuo censu unius ame vini prout excreverit super agris eisdem *conduxisse* et justo *conductionis* titulo recepisse. Igitur dictus Goetzemannus confitens pro se et suis heredibus universis promisit dictum censum solvere et assignare singulis annis tempore autumnali prefato Domino Jacobo Twinger et suis successoribus in dicta sua prebenda

D

canonicali nec non procuratori officii porte predicte pro tempore existenti de agris prescriptis et eosdem agros in cultura bona conservare. Ita videlicet quod si ipse Goetzemannus vel ejus heredes anno aliquo termino prescripto in solutione et traditione dicti census facienda ut premittitur existerent negligentes aut dictos agros in cultura bona non conservarent quod tunc excommunicationis sententie debeant subjacere judicioque seculari et sine judicio occupari et invadi nec non ipsorum pignora capi usque ad assecutionem plenam ipsius census neglecti. Si vero solutio et traditio eorundem redituum umquam per integrum annum dictum terminum immediate sequentem, ita quod unus census alterum attingeret, protraherentur quod tunc licitum sit dicto Jacobo et suis successoribus in dicta sua prebenda canonicali nec non procuratori officii porte predicte pro tempore existenti si voluerint auctoritate ipsorum propria ac mediante judicio ecclesiastico vel seculari aut sine judicio *prescriptos duos agros ad se attrahere et cum ipsis disponere pro sue libito voluntatis* absque contradictione quorumcunque. In cujus rei testimonium sigillum curie Argentinensis presentibus est appensum. Actum idus Januarii anno Domini millesimo quatringentesimo primo.

H.

Bail héréditaire pur et simple de l'an 1665.

Traduit de l'Allemand.

FAISONS sçavoir à tous ceux qu'il appartiendra, que Christmann Heym, bourgeois de Wiltgotsheim, ayant fait à plusieurs reprises à moi, Jean Philippe Widmann, curé actuel de la dite commune, la proposition, de lui bailler en bail héréditaire le bien paroissial attaché à la cure de Wiltgotsheim et consistant en environ vingt huit arpens de terres labourables ainsi qu'en quelques portions de vignes et prairies, j'ai trouvé bon, en tant que la chose peut dépendre de ma personne, de lui passer ledit bail héréditaire ; et ce pour les raisons suivantes :

1.º Parce que ces biens, quoique exploités annuellement, ne sont jamais amendés ou engraissés à cause de l'instabilité du bail, et que par conséquent ils sont dans le cas de se détériorer de plus en plus.

2.º Parce que le curé auroit péu de profit à cultiver ce bien par lui même, vu que les terres qui le composent sont situées en deux cantons différens.

3.º Parceque en cas que ledit bien paroissial fut donné à bail héréditaire, le preneur défricheroit les vignobles y appartenans, les mettroit en
rapport, et en donneroit annuellement au curé un canon et une dîme en
vin dont il est frustré en ce moment-ci.

Tout ceci bien considéré il n'y auroit aucun inconvenient à passer pour
ledit bien un bail héréditaire qui procurât au curé sans autres frais un
canon certain et annuel.

Cependant comme il n'appartient pas à un curé de passer de son propre
chef un pareil bail des biens paroissiaux attachés à sa cure, et qu'il est juste,
que ceux qui y sont intéressés en soient duement prévenus, je supplie par
les présentes, pour satisfaire à mon devoir, Messeigneurs du grand Chapitre de Strasbourg en qualité de collateurs de la cure de Wiltgotsheim
d'approuver et de ratifier *autoritate vestra amplissima et permissione singulari*
le bail en question, pour que par la suite mes successeurs dans la cure de
cette commune n'y trouvent matière à procés et qu'ils soient tenus à le
laisser subsister.

Les conditions du présent bail sont les suivantes :

1) Ledit bien paroissial ayant rapporté jusqu'ici un canon de dix rézeaux,
moitié froment, moitié avoine, (*exceptis decimis super prædictis agris ad
parochum spectantibus*) les dix rézeaux continueront à être perçus ; l'avoine
cependant sera changée en orge, de façon que désormais le fermier aura à
payer un canon annuel de cinq rézeaux de froment et cinq rézeaux d'orge.

2) Ledit bien paroissial ayant toujours été exempt de la dime, et
vû que c'est le curé qui jouit de cette redevance, ladite exemtion de la
dîme subsistera et il ne sera payé annuellement qu'un boisseau par chaque
arpent de toute espèce de productions dont celui-ci aura été ensemencé,
pour tenir lieu au curé de ladite dîme.

3) Le preneur aura également la jouissance des prairies, qui font partie
dudit bien paroissial, cependant comme le canon est fort modique, le
preneur sera tenu de charier gratuitement et annuellement au curé quatre
voitures chargées aux jachères ou aux prés, et en outre de faire au curé
tout le charroi à lui nécessaire contre une rétribution juste et équitable.

4) Le preneur enfin s'obligera en cas que ledit bien paroissial lui soit
accordé à bail héréditaire *permissione D. Superiorum*, de le cultiver avec
soin, d'engraisser et d'amender les terres labourables en tant que besoin
sera, de n'en aliéner ni par gage, ni par vente ou échange aucune portion,

mais de le conserver dans son ensemble et le préserver contre toute ruine ou dégradation ; ainsi que de payer scrupuleusement et avec loyauté chaque année les rentes et dîme y affectées; si bien, qu'en cas que lui le preneur ou ses héritiers manquassent de livrer quinze jours avant ou après la St. Martin les dix rézeaux de canon de même que la dîme stipulée ou qu'on se vit même forcé de le poursuivre pour satisfaire à ses engagemens, *ledit bien à lui affermé à bail héréditaire sera retiré d'entre ses mains et transféré ou loué à un autre.*

Au reste si par la guerre ou d'autres désastres de cette nature, par l'intempérerance des saisons ou par des inondations il résultoit au preneur ou à ses héritiers des pertes sensibles et considérables, le preneur ou ses héritiers pourront réclamer auprés du curé quelque *réduction de leur canon.* Fait à Wiltgotsheim, cejourd'hui mercredi le 28 Janvier de l'an de grace 1665.

Signé: *Jean Philippe Widtmann, pro tempore ibidem parochus.*

Je soussigné certifie que ledit bail héréditaire a été ratifié par Messeigneurs les membres du grand chapitre de Strasbourg et inséré au registre de leurs délibérations cejourd'hui le 14 Juillet 1665.

Signé Jacques Zeller, receveur.

I.

Bail héréditaire pur et simple de l'an 1702.

Traduit de l'Allemand.

Nous, Marie Cléophé, par la grace de Dieu Abbesse du chapitre séculier d'Andlau, et dame de Hugshoffen, ainsi que nous, les membres dudit chapitre certifions par les présentes, que pour le bien-être de notre chapitre d'Andlau, nous avons loué et transmis en bail légal et perpétuel à l'honorable Martin Engel, bourgeois de Müttersholz, à Ursule Schäffer sa légitime épouse, ainsi qu'à leurs héritiers respectifs, un corps de biens appartenant en propriété audit notre chapitre, situé dans le ban de Müttersholtz, et consistant, conformément aux anciens et nouveaux renouvellemens, en 79 et deux quarts d'arpens de terres labourables et 13 arpens de prairies, et ce sous l'expresse condition que les preneurs, leurs héritiers et successeurs seront obligés, pour le présent et pour tout l'avenir, de livrer à la St. Martin de chaque année, à commencer par l'année 1703, sur les greniers de notre recette établie à Schlestatt, et entre les mains de notre receveur, un canon en bon grains bien nettoyés de dix-huit rézeaux, mesure du pays, moitié seigle, moitié avoine, et de donner les soins nécessaires et usités dans ce pays-ci, aux terres composant ledit bien loué. Ne pourront d'ailleurs lesdits preneurs ni leurs héritiers à notre insu et sans notre consentement, ou a l'insu et sans le consentement de nos successeurs audit chapitre, engager, aliéner, louer ou faire passer en d'autres mains, d'une maniére quelconque, aucune portion de ce corps de biens.

Nous nous réservons aussi en cas que, contre toute attente, les preneurs ou leurs héritiers fussent négligents dans l'acquittement de leur canon; qu'ils ne le livrassent pas, selon l'usage du pays, annuellement, en laissant s'accumuler les canons de deux années ou plus, que nous et nos successeurs à notre chapitre soyons autorisés à nous récupérer sur les biens des preneurs ou de leurs successeurs, notamment sur leur propre héritage et établissement situé audit Müttersholtz; auquel nous promettons de laisser attachés pour toujours lesdits biens loués, sans jamais en augmenter le canon, à condition qu'il soit acquitté régulièrement tous les ans au terme fixé; si non, nous nous réservons, et à nos successeurs, le droit *de pouvoir les retirer, ou par voie de justice, ou même sans jugement et de les louer ailleurs,* jusqu'à ce que les preneurs se soient complettement libérés envers nous.

Nous ajoutons cependant, qu'en cas que par les ravages de la guerre, le passage des troupes, ou par la grêle les récoltes du ban dussent souffrir du dommage, *il en sera usé envers le colon, à l'égard du canon, comme des autres côlons* demeurant dans ledit village.

Fait en présence de Martzloff Sigwaldt et Pierre Sigwaldt, bourgeois de Müttersholtz, comme témoins. En foi de quoi nous avons fait en notre chapitre à Andlau deux expéditions du présent bail, lesquelles nous avons scellées et corroborées, tant en notre nom qu'en celui de nos successeurs du sceau de notre abbaye et celui de notre chapitre, et dont l'une sera déposée dans les archives de notre chapitre, et l'autre sera remise aux preneurs. Fait le 1 Février de l'an 1702 et expédié le 24 Janvier l'an mil sept cent trois.

Signés à l'original: MARIE CLEOPHÉ, MARTIN ENGEL, MARTZLOFF SIGWALDT, comme témoin et PIERRE SIGWALDT, comme témoin. Testatur HANN, secrétaire.

K.

Bail héréditaire mêlé de caractères d'emphytéose romaine de l'an 1698.

Traduit de l'Allemand.

Soit à savoir à tous qu'il appartiendra, que par devant moi soussigné Notaire royal à Strasbourg est comparu en personne le sieur Jean Théodore Ruthe conseiller et trésorier général du grand chapitre à Strasbourg, qui en vertu de la commission dont il a été chargé, sauf néanmoins la ratification spéciale dudit grand chapitre, a accordé et abandonné, cède et abandonne par et en vertu d'icelles en bail héréditaire conformément aux droits et usages rélatifs à cette espèce de bail, à l'honorable Sebastien Niederlaender franc-métayer du grand chapitre domicilié à Goxviler, de même qu'à Marie née Straub son épouse légitime et à tous leurs héritiers et descendans la franche-métairie située à Goxviler, savoir la moitié de la grange, ainsi que la moité de la cave conformément à la séparation, qui en a été faite (attendu que le très-révérend chapitre s'est réservé expressément l'autre moitié tant de la grange que de la cave pour son propre usage) avec tous les champs, prairies, jardins qui appartiennent à cette métairie tant ceux que le père dudit fermier a eu et possédés ci-devant que ceux qui jusqu'ici ont été trouvés et pourroient être trouvés à l'avenir et reconnus y appartenir, recherchés ou non recherchés, auxquels ladite franche-métairie pourra faire des prétentions fondées en droit, sans aucune exception, avec toutes appartenances et dépendances, droits et priviléges, sur le même pied que tous francs-métayers précédens du grand chapitre ont possédé cette franche-métairie, sans que le susdit franc-métayer ni lui même ni ceux qui font partie de sa famille et habitent avec lui dans ladite cour soient assujettis à la jurisdiction de la ville de Strasbourg ni puissent être obligés en aucune manière à une imposition ou contribution quelconque, si ce n'est aux impositions royales; et le présent bail héréditaire a été passé par les deux parties contractantes sous les conditions et réservations, qui suivent: savoir que lui Sebastien Niederlaender, Marie née Straub son épouse légitime, leurs héritiers et descendans doivent dès-à-présent être en possession et jouir de la franche-métairie susdite, de la maison, de la moitié de la grange, de la moitié de la cave conformément à la séparation qui en a été faite (à l'exception de ce que renferme la réserve ci-dessus) de tous les biens fonds, champs, prairies et jardins, recherchés ou non recherchés, trouvés ou non trouvés, pour le tems présent et pour l'avenir avec toutes leurs appartenances et dépendances, priviléges, immunité et exemption; que de son côté il se charge de l'obligation d'entretenir et con-server en bon état la maison, les écuries, la grange et la cave toutes en-tières, par conséquent aussi les moitiés de ces deux articles, que le grand chapitre s'est réservées pour son propre usage, de même que tous biens-fonds y appartenans, le tout de ses propres deniers, à l'exception des bois de con-struction nécessaires à la réparation de la cour susdite et des batimens y appartenans, lesquels bois le chapitre lui fera délivrer gratis chaquefois sur sa demande dans les forêts de Niedermünster; outre cela les fermiers empêcheront que personne ne cause à la métairie susmentionnée ni dommage, ni diminu-tion, ni quelque tort, soit par des haies vives ou mortes, soit par des bornes, soit par des fossés ou de tout autre manière quelconque. Il leur est défendu aussi de donner cette métairie à quelque autre à ferme, de la vendre, de la donner pour hypothèque, de la depécer ou de la diviser sans le consentement exprés du très-révérend chapitre, et de ses successeurs; ils seront tenus de payer toutes rentes foncières ou cens qui pourroient y être affectées, sans pouvoir prétendre a aucune réstitution de la part du grand chapitre et de ses successeurs; et dans le cas que les fermiers héré-ditaires, ou leurs héritiers et descendans voudront vendre leurs méliorations ou droit de bail, ils seront tenus de les offrir de préférence au grand cha-pitre comme propriétaire, et en cas qu'elles ne conviendroient pas à celui-ci, ils payeront le laudemium, c'est-à-dire le cinquantième denier du prix de la vente, conformément aux droits de l'emphytéose. Le fermier et son épouse promettent encore et s'obligent, tant en leur propre nom qu'au nom de leurs héritiers et descendans, d'acquitter annuellement et au terme accou-tumé pour la livraison, savoir dans le courant des deux semaines d'ont l'une précède la St. Martin et l'autre la suit, ou même plutôt en cas de nécessité, douze rézeaux de seigle bien vanné et de bonne vente, aussi bon que Dieu l'aura fait croître dans la même année, à titre de canon, légitime et perpétuel, et de livrer lesdits bleds ou à Oberehnheim ou à Boersch ou à Molsheim à l'une des recettes du grand chapitre y établies sans aucuns frais ni dom-mage dudit chapitre; ce canon ne souffrira aucune remise ni diminution, excepté en cas de ravages causés par la guerre ou par la gréle, en sorte, que si les fermiers ont été frustrés totalement de toute récolte sur les terres de cette métairie, il leur sera accordée la remise du canon en entier; mais en cas que la récolte qu'ils auroient recueilli des terres susdites surpassât la moitié d'une récolte ordinaire, ils seront obligés de livrer le canon annuel susmentionné en entier de la manière susdite à l'un des lieux indiqués sans se permettre aucune dispute ni diminution; mais si au contraire il étoit évident, que le produit de ces terres est au-dessous de la moitié d'une récolte ordinaire, il leur sera accordé et décerné une remise proportionnée au dommage, aprés qu'il en aura été fait la vérification et l'évaluation avant la récolte par des personnes impartiales. La franche-métairie susdite est en outre exempte de toute imposition à l'exception des deniers royaux. Les fermiers s'engagent aussi de s'acquitter du canon actuel susdit réguliérement de façon que jamais les canons de deux années non payés viennent atteindre la troisiéme. De même les fermiers seront tenus de faire annuellement à la demande du receveur de Niedermünster deux corvées dans des lieux éloignés et encore deux autres dans des lieux voisins ; ainsi que de son côté la recette de Niedermünster fournira annuellement aux fermiers héréditaires six mesures de petit vin et un rézal de seigle, qui sont destinés pour la consommation, pendant les vendanges. La même recette payera en outre la moitié d'un Kopfstück (pièce d'argent) pour le répas de ceux qui perçoivent ladîme et du greffier. Les fermiers héréditaires sont aussi tenus d'entretenir à leurs frais les cuves qui servent à la perception de la dîme; en considération de ceci, il leur sera abandonné une portion de mares de raisins, laquelle doit être des plus fortes, qu'on retire du pressoir pour en faire du petit vin. Pour ce qui concerne les voitures dont on a besoin durant les vendanges, le receveur de Niedermünster tâchera d'en convenir chaque année de gré à gré avec le fermier. Enfin les fermiers héréditaires s'engagent de prévenir le très-révérend chapitre toutes les fois, qu'il seroit à leur connoissance que ladite métairie est menacée de quelque préjudice, de même qu'ils s'efforceront de procurer à la même métairie tous les avantages possibles. Les fermiers susmentionnés, pour donner aux angagemens qu'ils ont pris en vertu du présent contract, toute la force nécessaire, donnent tant en leur propre nom qu'au nom de tous leurs héritiers et descendans pour hypothèque et engagent tous leurs biens, meubles et immeubles, tant ceux qu'ils possédent présentement, que ceux qu'ils pourront posséder à l'avenir, de manière, ques dans le cas où eux les fermiers héréditaires ou leurs héritiers ou descendans

cendans contrevenoient à une ou plusieurs des conditions contenues dans ce contrât, le très-révérend chapitre et ses successeurs seront autorisés à rétirer la cour, la maison et les terres composant la métairie susdite, qui fait l'objet de ce bail héréditaire; de les faire valoir par eux mêmes ou de les affermer à d'autres; d'attaquer en outre, faire aliéner et acquérir les hypothéques générales susmentionnées, jusqu'à concurrence du reliquat, dommage et intérêt dû au grand chapitre et à ses successeurs; le tout sans aucune fraude avec rénonciation réciproque à tout droit, privilège et exemption.

Fait à Strasbourg ce vingt deux Juin de l'an mille six cent quatre-vingt dix-huit; en présence du sieur Jonas Graeff, receveur de Niedermünster près le très-révérend chapitre de Strasbourg et de Jean Schneider le fermier de la franche-métairie appartenante audit chapitre et située à Guertveiler, témoins à ce requis. Parmi ceux qui ont assisté à cet acte ont signé: le sieur Jonas Graeff, avec le sieur Ruth susmentionné et moi le Notaire: mais les fermiers avec Jean Schneider ne sachant pas écrire, ont fait leur marque de leur propre main.

Par anticipation ratifié, approuvé et confirmé au chapitre général le vingt-six Septembre d'après la teneur des registres feuilles 48 et 49.

L.

Réglement colonger de Nider - Hausbergen renouvellé en 1522.

Traduit de l'Allemand.

PREMIÈREMENT, il est à savoir, qu'il y aura annuellement trois séances des juges-arbitres de la justice conventionnelle; la première le premier lundi après les douze jours de Noël, ou le douzième même de Noël, s'il tombe à un lundi; la seconde aura lieu au milieu du mois de May, si le cas échet; la troisième après la Moisson.

A ces trois séances assisteront en qualité d'assesseurs tous les cultivateurs (a) dont les terres dépendent de la même mairie-métairie, pour y prononcer sur les droits et le maintien de la dite métairie; et le cultivateur, qui ne sera pas présent aux trois séances susdites, payera par séance quatre Pfennings pour du vin à ses confrères qui s'y seront présentés, et le cultivateur absent sera outre cela ajourné, pour se présenter quinze jours après cha-

---

(a) En allemand *Huber.*

E

cune des trois susdites séances, si on le juge à propos, et on appelle cela
séance ajournée par message (*b*), et celui qui sera également absent à cette
séance, payera de même pour amendes quatre Pfennings à ses confrères;
ensuite on ajourne les absens pour huit jours, s'ils ne se présentent pas, ils
payeront également quatre Pfennings; enfin on les ajourne pour la dernière
fois à quatre jours, en leur accordant le délai d'une nuit.

Le cultivateur-assesseur absent et désobéissant sera dénoncé au juge-conventionnel ou avoué (*c*) lequel est chargé de soigner les intérêts des propriétaires. Celui-ci tiendra une autre séance appellée: séance du Juge-conventionnel,
et il y veillera, eu égard aux trente Schellings qu'il reçoit annuellement, à
ce que justice soit faite aux propriétaires, par les cultivateurs et assesseurs
qui ne se sont pas présentés, ou qui n'ont pas payé les rentes et canons.

Les canons en grains seront fournis sans fraix dans le grenier des propriétaires à Strasbourg avant le jour de notre dame la jeune, et les rentes
en argent au premier mardi après Pâque, et ceux qui ne le feront pas
aux termes susdits, payeront aux propriétaires pour amendes deux Schellings; outre cela, le maire de la mairie-métairie, s'il en est requis, doit, au
nom des propriétaires, défendre aux cultivateurs, à cause des canons arriérés
et de sa non-comparution, de cultiver les terres, dont il n'a pas payé le
canon; si celui-ci continue la culture des terres défendues, il est obligé de
payer aux propriétaires trente Schellings; mais si personne ne cultive les
terres défendues et si elles restent incultes pendant un an, le maire mettra
les dites terres à la libre disposition des propriétaires et les y maintiendra
contre qui ce soit.

Le maire doit se transporter dans les maisons de ceux, qui n'ont pas
payé les amendes et les rentes et y prendre des gages; si quelqu'un s'y
oppose, il lui doit être prété aide et assistance par le Juge conventionnel
qui défendra à l'opposant la culture desdites terres.

Mais si le cultivateur, qui doit des amendes ou des rentes, ne demeuroit
pas dans l'arrondissement de la métairie d'Adrazhoffen et que le maire n'y
voudra pas prendre des gages, le Juge-conventionnel lui défendra la culture
des terres, ainsi qu'il est dit ci-dessus.

De même il est de droit dans la susdite mairie-métairie que les biens en
dépendans, et dont la culture est transmise à un autre cultivateur, seront

---

(*b*) En allemand *Botschafft-Ding*.
(*c*) Vogt.

reçus par ce dernier de la part du maire, à la première assemblée des Juges conventionnels et le nouveau cultivateur ou assesseur prêtera serment és mains du maire ou du receveur des propriétaires, d'être fidèle aux propriétaires et de soutenir leurs droits de tout son pouvoir; et celui qui reçoit à culture une terre par l'effet d'un décés, payera au maire autant qu'il paye de rentes de la même terre aux propriétaires; mais s'il la reçoit par mutation, en remplaçant un vivant, il n'en payera que la moitié.

Item le cultivateur qui remplace un décédé ou un vivant, donnera à ses confrères les assesseurs pour chaque *Huben*, c'est à dire pour quarante deux arpens, un boisseau de seigle, six pots de vin, quatre miches de pain et quatre frommages.

Item lesdits pains et frommages seront tels qu'un homme d'une taille ordinaire, puisse, en plaçant son pouce au milieu dudit pain ou frommage, décrire un cercle avec ses doigts sur lesdits pain et frommage.

Item, s'il reçoit moins qu'une *Hub* entière, il donne en proportion moins de vin, de pain et de frommage, selon le nombre des arpens; et il paye au bédeau quatre Pfennings quelque soit le nombre des arpens.

Il est à savoir, que chaque *Huber* dépendant de la susdite Justice-conventionnelle, paye aux susdits propriétaires, onze rézeaux de grains (méteil); savoir deux tiers froment, un tiers seigle et six Schellings, et au marguillier de St. Thomas quatre rézeaux de méteil, pour la dîme, lesquels grains seront fournis par lui sans frais au grenier des propriétaires, avant le jour de notre dame, et les rentes en argent le premier mardi après Pâque, ainsi qu'il est dit ci-dessus et sous les peines préscrites.

Il est aussi à savoir qu'en cas que le cultivateur ou locataire ne payent pas les rentes, ainsi qu'il est dit ci-dessus, les propriétaires pourront, s'ils le jugeront à propos, retirer les biens et les mettre à leur disposition ou exiger les rentes de ceux qui sont qualifiés ou censés de les payer et de prendre gages jusqu'à ce que les termes échus soient acquittés.

Il est aussi à savoir que les cultivateurs de ladite mairie-métairie à Adrazhoffen en payeront cinq onces de Pfennings et cela au premier mardi après Pâque, où sont aussi payables les autres rentes en argent; et ces cinq onces de Pfennings sont dues audit maire de ladite mairie-métairie, pour raison de ses fonctions. Ce rôle de la susdite métairie a été rénouvellé tant à cause de son inintelligibilité que de l'obscurité dé l'écriture des anciens rôles. Fait à Adrazhoffen, le mardi après St. Adolphe, l'an mil cinq cens vingt-deux après la naissance de I. C.

E 2

M.

Règlement rélatif à une colonge dite Jungholz, dans la vallée de Münster, renouvellé en 1600.

Traduit de l'Allemand.

Ce règlement a été renouvellé l'an mil six cent, le mercredi après la fête du saint évêque Martin, et est appelé la colonge de Jungholz, séant. en la ville de Münster dans la vallée de St. Grégoire. Il a été redigé par Pierre Schneider, Notaire, pour lors Greffier de ladite ville. Les membres de la colonge étoient en ce tems là : les honorables Frédéric Zeininger, avoué de la colonge, Abraham Gelle, Vincent Oertlin; Christen Walch; Paul Faber; Bastien Bureisen, Nicolas Michel; Marc Decklin; Jacques Weltte; Jean Wintermann; Diebold Graff; Diebold Keckh, George Graff; Joseph Balau; Jean Hade; Diebold Fissner; Jacques Betzel; Diebold Graff et Martin Gutem, tous domiciliés à Münster et dans la vallée; de même que Michel Rapp, Diebold Martin; Paul Hüger; Nicolas Penttlin; Jean Martin; tous domiciliés à Ginspach et à Grispach. Cette colonge a les privilèges, droits et usages ci-après, lesquels subsistent de toute ancienneté et subsisteront à jamais, ainsi qu'il est dit dans les règlemens suivans :

Règlement de cette colonge.

Premièrement celui des membres de ladite colonge qui occupera la métairie dont dependent les biens, sera le maire de la colonge. Il assemblera la colonge le premier mercredi après la fête du St. Evêque Martin dans ladite ville de Münster en tel local qu'il jugera à propos. Tous les colongers de la susdite colonge sont tenus, conformément à leur serment, de s'y rendre en personne pour former le tribunal colonger et de s'acquitter de leur canon, soit qu'il consiste en argent, ou en poules, grains ou chapons. Feront de même ceux qui, sans être colongers, ont des canons à payer à la colonge. Ceux des colongers ou autres qui, en contravention de la présente disposition, ne s'acquitteroient point de leur canon quelconque en argent, poules, grains ou chappons avant le repas usité et que la nappe soit ôtée, seront punis d'une amende prononcée par les colongers.

Les colongers qui, pour cause de maladie ou d'autres empêchemens majeurs et légitimes, ne pourront assister en personne à l'assemblée de la colonge, en avertiront à tems; ils s'acquitteront néanmoins de leurs redevancés, comme il est dit ci-dessus. En cas de contravention, ils payeront une amende prononcée par les colongers.

Tous ceux qui payent un canon de six rappes (espèce de monnoye) ou plus, sont obligés de se faire recevoir colongers et de prêter le serment de la colonge.

Ne sont exceptés de cette disposition que le bien dit *Toittenguth*, à Esten-pach, qui ci-devant a été cultivé par Martin Matter, et ensuite une petite maison à Bürckach, occupée jadis par Jean Louwen et étant aujourd'hui à la veuve de Jacques Beringer; plus l'abbé de Münster payant un Schilling-Rappe et une poule de l'étuve, est également exemt de l'obligation de se faire colonger et du répas; enfin les possesseurs d'un pré, nommé *Hügeleg*, qui est actuellement entre les mains de *Dösslin Gollin*, payent six rappes de ce pré; ce dernier est néanmoins obligé de contribuer au repas. Toutes ces exemptions ne dispensent cependant point ceux qu'elles regardent, de payer leur canon à la colonge, et en cas qu'ils ne s'en acquittent pas, ils seront mis à l'amende par les colongers.

Ceux qui sont reçus colongers payeront, aussitôt qu'ils ont prêté le serment de la colonge, une retribution, qui équivaut à la moitié de leur canon. Tout colonger et tous ceux qui payent un canon à la colonge, constateront, d'après leur serment, les biens dont ils payent leur canon. Aucun de ceux, qui payent un canon à la colonge, ne peut *résilier son bail*; au contraire tous ceux qui ont jamais payé un canon à la colonge le payeront, de même que leurs héritiers, et ils sont obligés, en cas de quelque changement des biens par vente ou autrement, de présenter à la colonge ceux qui dorénavant payeront le canon qu'ils avoient à payer jusqu'alors. En cas de contravention, les colongers imposeront une amende à eux ou à leurs héritiers et mettront la main sur tout ce qu'eux ou leurs héritiers possédent dans le pays, pour assurer à la colonge les rentes qui lui sont dúes.

Lorsque le maire aura remis aux propriétaires leurs canons, argent, chapons ou poules, on fera la collecte de ce qu'un chacun doit contribuer aux frais du repas: celui qui paye un canon de six rappes, contribuera pour le repas un Helbeling; (espèce de monnoie) celui dont le canon monte à un Schelling-rappe, contribuera également un Helbeling pour le repas; puis on payera un Helbeling de plus pour chaquefois six rappes de canon. Cette contribution pour le repas, de même que les différentes amendes, seront perçues par les colongers pour subvenir aux frais du repas, auquel les valets et domestiques des proprié-

taires assisteront gratis; chaque propriétaire cependant qui perçoit un canon
en poules, en cédera une aux colongers pour ledit repas.

Quand le maire aura remis aux propriétaires ou à leurs valets ce qui
leur est dû, les colongers sont quittes envers eux. Après cela et lorsque le couvert sera ôté, le maire fera lecture du réglement et des priviléges, un bâton à la main. Cette lecture faite, il tiendra la séance;
à cet effet il demandera aux colongers, en leur rappelant leurs sermens,
s'ils n'ont point connoissance de quelque dégât, dommage, bien soustrait
à la colonge, détérioration, changement ou vente survenus ou faits au détriment de la colonge. Un colonger, ou tout autre qui paye un canon à
la colonge, vient-il à mourir, ceux qui en ont connoissance, doivent en
faire déclaration à l'assemblée. Survient-il quelque dispute entre les membres de la colonge sur les affaires de la colonge même, le plaignant doit
faire assigner sa partie par le maire ou par la personne que le maire y voudra
commettre; celui qui n'obéit point à la citation, payera une amende prononcée par les colongers: en général les membres de la colonge ne s'adres-
seront à aucun autre juge pour juger leurs différends, en tant que ceux-ci
regardent les intérêts de la colonge, qu'aux colongers mêmes; et ils sont
tenus, par leur serment, de ne jamais appeller de la sentence prononcée
par la colonge. Enfin, chaquefois que le maire requiert les colongers de
prononcer sur des canons, dommages ou toutes autres affaires quelconques,
regardant la colonge, qu'il y en ait peu ou beaucoup, ils doivent lui faire
droit sur toutes ses demandes.

Ceux qui sont reçus colongers doivent d'abord prêter serment de main-
tenir de tout leur pouvoir la colonge, d'observer strictement les dispositions
de ce règlement, de posséder les biens qui leur reviennent en leur qualité
de colonger, de payer leurs canons le premier mercredi après la St. Martin,
de rendre jugement sur toute affaire litigieuse portée devant la colonge,
après avoir entendu les deux parties, avec impartialité et sur leur ame et
conscience; enfin de dénoncer tout degât, dommage, bien fonds soustrait et
tout changement et vente faite au détriment de la colonge. Ceux qui seroient
intentionnés de vendre leur droit à tel bien appartenant à la colonge, doivent
d'abord l'offrir aux colongers, et en cas que l'un des colongers voulût en faire
l'acquisition, ils le lui céderont pour quinze rappes de moins qu'à tout autre.

Il est à savoir que celui des propriétaires de la colonge, qui en retire
le plus grand canon, doit constituer le maire de la colonge; et qu'il

est du à ce maire un rézal de seigle de même que tout ce qui pourroit rester des différentes redévances après que les propriétaires ont prélevé leurs quotes-parts du canon en grains, argent, poules ou chapons.

Il est à savoir encor, que les colongers, de même que les redevanciers à la colonge, doivent remettre et payer, par le maire, le premier mercredi après la St. Martin, aux propriétaires de cette colonge, cinq livres de rappes, trente poules et huit chapons; par contre chacun de ceux-ci dont le canon consiste en partie en poules, en cédera une aux colongers, pour leur servir à leur repas, comme il est dit ci-dessus. Il y a présentement quatre poules à donner par les propriétaires.

Ceux qui n'apporteroient point les poules et chapons qu'ils ont à fournir, payeront pour chaque poule huit rappes et pour chaque chapon un Schilling-Rapp.

Il est encor à savoir, que les colongers de cette colonge ont le privilége de faire, le jour fixé ci-dessus pour l'assemblée de la colonge, des jeux ou de se divertir de toute autre manière; et qu'en cas de rixes suivies de voies de fait, ils n'en sont responsables à personne, pourvû qu'il n'y ait pas de blessures graves et que la querelle soit composée encor le même jour.

Enfin les colongers et les redevanciers à cette colonge eussent-ils encor quelque autre usage ou observance qui ne fussent point insérés dans le présent réglement, eux et leurs successeurs ne les conserveront pas moins que s'il en eut été fait mention.

N.

Location de la métairie dont dépendent les biens de la colonge de Nider-Hausbergen de l'an 1400.

CORAM nobis judice curie Argentinensis constitutus Rulinus dictus Burkart Rulin filius quondam Fritschonis dicti Burkart de Nider Husbergen in presentia Jacobi Twinger Canonici et Petri Vinhege procuratoris capituli ecclesie sancti Thome Argentinensis confessus fuit et recognovit expresse, se a Dominis Decano et capitulo ejusdem ecclesie ipsorum dominorum villicationem (*a*) quam iidem Domini habent et possident in dicta villa

____

(*a*) Il est ici question de la métairie dont dépendent les biens de la colonge de Nider Hausbergen. Cette métairie ne doit point être censée faire partie de la location faite précédemment des biens colongers dudit lieu. Elle est louée au maire-métayer, chargé de la direction de la colonge sous la clause expresse que la présente convention puisse être revoquée à volonté par les bailleurs.

Nider Husbergen conduxisse et justo conductionis titulo recepisse pro annuo censu viginti Caponum quem quidem censum dictus conductor solvere, dare et in civitatem Argentinensem presentare, singulis annis in festo sancti Martini episcopi, dominis Decano et Capitulo dicte ecclesie pro tempore existentibus de villicatione prescripta promisit, ita videlicet quod si ipse conductor anno aliquo, termino predicto, in solutione et presentatione dicti census facienda, ut premittitur, existeret negligens aut remissus, quod tunc excommunicacionis sententie debeat subjacere judicioque seculari et sine judicio occupari et invadi nec non ipsius Rulini pignora capi usque ad assecucionem integralem census antedicti. Promisit quoque dictus conductor per fidem nomine juramenti ab ipso corporaliter prestitam coram nobis jura curie dominicalis ipsorum dominorum in dicta villa site fideliter regere et manutenere ac respicere pro omni suo posse, nec non utilitatem dictorum Dominorum facere et procurare et eosdem Dominos ab ipsorum dampnis precavere, nec contra premissa facere vel hoc fieri procurare per se vel per alios quoquomodo in judicio vel extra, imposterum vel ad presens. Item dictus conductor confessus fuit et recognovit expresse prescriptam villicacionem nequaquam ad conductionem per ipsum prius a dictis Dominis de bonis ipsorum Dominorum in banno dicte ville sitis factam pertinere et pertinere debere, hoc etiam expresse condicto, quod prescripti Domini anno et tempore quibuscunque voluerint prefatum Rulinum conductorem a dicta villicatione deponere et removere valeant atque possint, si idem Rulinus eisdem Dominis ad serviendum eis in dicta villicacione displiceret quibuslibet sine dolo et fraude. Et in testimonium premissorum sigillum curie Argentinensis ad petitionem Rulini conductoris nec non Jacobi Twinger et Petri Vinhege prescriptorum presentibus est appensum. Actum 5 Kalendarum Maji anno Domini millesimo quadringentesimo.